Erste Auflage 2008

Bilder: Albrecht Fendrich
Buchgestaltung: Maciej Walczak

Herstellung: Books on Demand GmbH, Norderstedt

ISBN 978-3-0002440-1-8

Mag auch das Auge des
Nachtvogels die Sonne nicht sehen,
es schaut sie dennoch das Auge des
Adlers.

Inhalt

P. Luis Kondor (SVD) zugeeignet

Vorwort

Albrecht Fendrich hatte mich gebeten, für die Auftritte des *Aurich*-Streichquartetts Wort-Beiträge zu schreiben. Bislang sind nur Gedichte in den Musikpausen rezitiert worden, meist aus dem Bereich der literarischen Moderne unseres Jahrhunderts.

„Du kannst das doch so gut“, sagte er eingedenk meiner zahlreichen Reden, die ich für befreundete Künstler im Laufe der Jahre geschrieben und vorgetragen hatte[1]. Kurze literarische Momente der Besinnung sollten die Musikbeiträge ergänzen. Der Künstler selbst vervollständigte das neuartige Text-Musik-Programm noch mit Perkussions-Einlagen[2].

Wie sollte ich es anstellen, einen solchen Text zu schreiben?

Von welchem Autor, aus welcher Epoche,
und warum gerade diese Texte?

Thomas von Aquin faszinierte mich schon seit geraumer Zeit. Wie ein monumentales Gebirge des Geistes, unnachahmlich und nicht wieder erreicht, erschien mir das Werk dieses Sprach-Magiers. Al-

Über das Weiße. - Von Maciej Walczak, dem Buchgestalter aus Lodz, stammte die Idee, die vorliegende Abhandlung mit Bildern oder Photos zu ergänzen und zu schmücken. Doch die wenigen vorhande-

lein seine Abhandlung „Über die Wahrheit“ umfasst zahlreiche Bücher mit Fragen und Antworten und Gegenfragen und Gegenantworten und so fort. Die kritische Gesamtausgabe der *Summa theologica,* eine Anfängerunterweisung für Theologiestudenten wohlgemerkt, ist immer noch nicht fertig gestellt; zur Zeit werden noch die Bände 13, 5 und 7 von Benediktinern und Dominikanern aus dem Lateinischen übersetzt[3].

Doch wie einen Zugang finden zu diesem Autor und seinen Texten? – Ich habe lange um die äußere Ordnung der Worte und Sätze gerungen, ohne dass ich mich hätte entscheiden können oder zufrieden gewesen wäre mit mir selbst.

Auch die geschichtliche Zeit des Hochmittelalters interessierte mich.

Ein bemerkenswert „europäischer“ Kaiser (Friedrich II.), in Sizilien aufgewachsen, neun Sprachen spricht er einschließlich des Arabischen, wegen seiner vielfältigen Fähigkeiten wird er von zahlreichen Zeitgenossen als ein wirkliches „Weltwunder“ (stupor mundi) angesehen. Ein kosmopolitisches Europa, das von England bis Sizilien, von Frankreich bis weit in den Osten reicht und sich auf eine Allgemeinsprache

nen Portraits Thomas von Aquins überzeugten mich nicht. Auch waren sie einhundert bis zweihundert Jahre nach dem Tod des Kirchenfürsten entstanden, mithin also wenig wirklichkeitsgetreu oder überzeugend in ihrer Abbildfunktion. Bei meinen Forschung-

verständigt hat. Eine Politik schließlich, die von einer selbstverständlichen Einheit des Abendlandes und seines Geistes ausging und dennoch deutliche Zeichen von Aufsplitterung und Gegenläufigkeit aufzeigte.

Auch hier und heute, im „alten Europa“, dessen Gemeinsprache immer noch von der Aufklärung und ihren Menschenrechten abgeleitet und definiert wird, gibt es genügend „Gegenläufigkeiten“ im geistigen Bereich. Die Offenheit des scholastischen Denkens, seiner Diskurse und leidenschaftlichen Diskussionen im Forschen, seiner Neugier und unerbittlichen Infragestellung steht so ganz im Gegensatz zur gegenwärtigen Situation, wo jedes „Weltbild“, jede „Wahrheit“ und jedwedes „Wissen“ mit dogmatischen Immunisierungs-Strategien sich vor Kritik und Infragestellung zu schützen versucht.

Selbst allgemeine Gesetze des Denkens, wie sie m.E. international gültig sind, werden mittlerweile als „eurozentrisch“ diskreditiert, weithin anerkannte Grenzen von Moral und Ethik werden relativiert oder im Namen einer neuen absoluten Wahrheit, d.i. eines politischen Absolutismus oder gar Terrorismus in Frage gestellt. Zusammen mit dem „Tod Gottes“, den das unglückselige Zeitalter Nietzsches so trefflich in die Wege geleitet und gefördert

en bin ich jedoch auf einen gar nicht so entfernten Zeitgenossen Thomas von Aquins gestoßen: Angiolo di Bondone, genannt Giotto. Er lebte von 1267 bis 1337 und war ein sehr einflussreicher und bekannter Maler seiner Zeit. Nicht zuletzt hat er sich

hat mit allen seinen Konsequenzen, ist eine Lücke entstanden, die zahlreiche zweifelhafte Ersatzgötter in die Welt gesetzt hat – um den hemmungslosen Willen nach Macht oder die Verlagerung der Eudämonie, dem Streben nach Glück oder Glückseligkeit, in einen übersteigerten Merkantilismus nur nebenbei noch zu erwähnen.

Gefährlich scheint mir auch die Tatsache, dass das Denken selbst und einschließlich seiner Geschichte gänzlich zu verkümmern droht und immer mehr Zeitgenossen überfordert. Dass einfache Sätze mit zwei Nebensätzen schon gar nicht mehr verstanden werden können, dass wir von einer Herrschaft der Bilder bedrängt und bedroht werden und so fort. Die Literatur darüber ist zahlreich und scheinbar wirkungslos genug[4].

Mit „Denken" meine ich nicht das mathematische Denken in Formeln und Programmen oder die naturwissenschaftlichen Methoden des Experiments und der technischen Verwertung der Ergebnisse. Dies funktioniert bestens im Sinne eines unumschränkten und „neoliberalen" Kapitalismus, der sich mittlerweile bis in die entferntesten Winkel der Erde „globalisieren" darf.

Ich spreche vom philosophischen Denken samt seiner reichen und manchmal komplizierten Sprache,

mit künstlerischen Neuerungen in die Geschichte der Malerei eingeschrieben, die ihn bis heute als Vorläufer oder gar Initiator der Renaissance ausweisen.

Von Giotto kam mir ein Sammelband aus dem Jahre 1964 in die Hände mit 17 großformatigen

das vielleicht vor einem Ende steht. Philosophie als Lehrfach der Jugend existiert in Deutschland nur noch selten. Verkümmert die Sprache, verkümmert das Denken; es verkümmert der Mensch. Inmitten aller Relativitäten von Wahrheit, der Pluralität unserer unterschiedlichsten Lebensformen und Sprachspiele, sollte zumindest das alte „cogito", welches zweifeln darf und zweifeln kann, als letzte Festung des menschlichen Selbstbehauptungswillens, ja vielleicht sogar der menschlichen Freiheit, nicht aussterben, sondern gehegt und gepflegt werden. Und dies ist m.E. nicht ein Gebot der Aufklärung oder eines eurozentrischen Weltbildes, sondern eine anthropologische Notwendigkeit, die zur Gattung „Mensch" gehört. Als Fixpunkt steht immer noch inmitten aller postmodernen „Erzählungen" und Wahrheits-Relativitäten der Mensch – und nicht der Roboter oder Computer – , der denkt, der über das Denken nachdenkt und „nein, weil" sagt, „nein, weil" sagen darf und sagen kann.

Und dann setzt sich ein Mensch wie ich an diesen Tisch – vor mir breitet sich ein Garten mit Eukalyptushainen, Korkeichen, Zitronenbäumchen, Rosensträuchern und anderen Gewächsen aus – und will über Gott, die Ord-

Reproduktionen, jeweils Hauptwerke aus unterschiedlichen Lebensaltern des Künstlers. Diesen Band reichte ich an den mit mir befreundeten Maler Albrecht Fendrich weiter mit der Bitte, einige Bilder davon zu bearbeiten, zu verändern,

nung der Dinge, das Erkennen und die Liebe nachdenken. Platon würde sagen: Er will wieder „Einsicht nehmen“, „einsichtig werden“ oder Einblick haben in ein überzeitliches Reich, welches „Gott“, welches „Erkennen“ und welches nicht zuletzt „Liebe“ heißt und das jedem offen steht, der Interesse daran hat.

Und der diesen seinen Text deshalb auch als einen Ausflug in die Philosophie versteht für diejenigen unter uns, die keinen Zugang hatten bislang zur Welt dieser Sprache und dieses Geistes. Ein Beitrag gedacht auch für Skeptiker, Agnostiker, atheistische Gläubige und Nicht-Christen. Die sich auf eine Reise begeben wollen, einem fremden Geist mit alten und für mein Dafürhalten immer wieder aktuell bleibenden Umkreisungsversuchen näher zu kommen und positive Erfahrungen zu machen: Über unser Wissen, Denken und Erkennen, über die Liebe, über Gott. Denn

das Geringste an Erkenntnis, das einer über die
erhabensten Dinge zu gewinnen vermag, ist
ersehnenswerter als das gewisseste Wissen
von den niederen Dingen,

schreibt Thomas von Aquin[5].

ihnen vielleicht sogar einen gegenwärtigen oder „modernen“ Stempel aufzudrücken, ohne gleichwohl künstlerisch in den Negativismus oder Pessimismus unserer Zeit zu verfallen[1]. Unter den Abbildungen befand sich auch die berühmte

Kapelle

I Dialektik

Im Denken des Aquinaten gibt es ein großes Problem oder auch, wie man es nimmt, eine erfreuliche Tatsache. In den zahlreichen Seiten seines Werkes wird man immer wieder Widersprüche und Mehrdeutigkeiten herauslesen können, die sich nicht nur wegen Übersetzungsproblemen aus dem Lateinischen ins Deutsche oder Übermittlungsfehlern eingeschlichen haben. Nicht zuletzt scheinen sie sogar durchaus gewollt oder zumindest im Denk-System des Philosophen eingebaut zu sein. Denn wie bei Platon zerfällt auch beim Aquinaten die Wahrheit nicht nur in viele Einzelaspekte und Splitter, sondern sogar in Gegensätze. Der Autor begrüßt es zum Beispiel, dass es „Ungläubige" gibt:

Wenngleich ein Wesen, das unerschütterlich Gott anhinge, besser wäre, so ist doch auch jenes gut, das fähig ist, Gott sowohl anzuhängen wie auch nicht anzuhängen. Und so ist jene Welt, in der es beiderlei Wesen gibt, besser, als wo sich nur die eine Art befindet[6].

„Madonna mit Kind und Heiligen" aus Bologna, die in ihrer für die damalige Zeit neuartigen Plastizität und Dreidimensionalität, auch individuellen Charakterisierung und Ausstrahlung revolutionär war.

Er begrüßt es weiterhin, dass es Vergänglichkeit und Unvollkommenheit gibt:

Wiewohl ein vergängliches Wesen höheren Ranges wäre, wenn es Unvergänglichkeit besäße, so ist doch die Welt, die aus Vergänglichem und Unvergänglichem besteht, besser als eine, die nur aus unvergänglichen Wesen bestünde[7].

Oder in der „Summa contra gentiles“ 1,85 heißt es:

Die Vollständigkeit des Universums verlangt aber, dass es etwas gibt, das sein und nicht sein kann, sonst würden nicht alle Stufen des Seienden im Universum enthalten sein. Gott will also, dass es etwas gibt, das sein und nicht sein kann.

Und schließlich sieht Thomas von Aquin sogar in der klugen göttlichen Ordnung, die überall waltet und die es zu entdecken und einzuhalten gilt, Zufall und „Ungefähr“. Mit „Ungefähr“ meint er wohl das „Nicht-Perfekte“, „Nicht-Vollkommene“, obgleich doch alles zum Perfekten, zum Vollkommenen hin strebt.

Das künstlerische Ergebnis, das mir Albrecht Fendrich etliche Wochen später vorlegte, befremdete mich gleichwohl. Die vierzehn Bearbeitungen der Giotto-Vorlagen sprachen eine so ganz andere Sprache, ver-

Damit wären wir auch direkt schon im scholastischen Diskurs seines Zeitalters: Aus These und Antithese die Wahrheit entwickeln, im „sic et non“ den Weg finden zum Licht (im Sinne Platons) oder zur Mitte im Sinne von Aristoteles; in der Kommunikationstheorie würde man heute vielleicht von „Konsens“ sprechen.

Die Auslegungs-Streitigkeiten um den „wahren“ Thomas von Aquin scheinen deshalb müßig. Ob das Sein als „So-Sein“ oder als „Da-Sein“ mit Gott identisch ist, immer wieder erzeugt der Aquinate Mehrdeutigkeiten, die ihn und sein Denken zeitlos gültig werden lassen im hermeneutischen Sinne. Bereits drei Jahre nach dem Tode des Philosophen sind mehrere zentrale Sätze aus seinen Schriften vom Bischof von Paris als ketzerisch verurteilt worden. Sprachliche Mehrdeutigkeiten fordern jedoch uns Nachgeborene wiederholt heraus, Fragen zu stellen, Antworten zu geben, Probleme und Problemlösungsversuche neu zu bedenken, Fehler einzugestehen und einen Neubeginn zu wagen.

Denn ein Neubeginn steht jetzt, am Ende eines Zeitalters, vor der Tür. Der Name für das Vergangene

mittelten eine ganz andere Botschaft, als ich es erwartet hatte.

Doch welche Botschaft hatte ich erwartet?

Gewiss keine, die sich kunsthistorisch an der Begegnungsgrenze von Mittelalter und Renais-

ist (wieder einmal) noch nicht gefunden; ein Name für das Alte wie für das Neue liegt gegenwärtig noch in weiter Ferne. Diese Aufgabe werden andere, Nachgeborene für uns erledigen. Doch das Neue deutet sich allerorten unheilschwanger und faszinierend an: In den Experimenten der biologischen Reproduktionstechnologien, in den Manipulationsversuchen der Medien, in den Herrschafts- und Machterhaltungsstrukturen der politischen Systeme; kurz – in der Eindimensionalität eines Denkens, dem das Denken abhanden gekommen ist und das über die Bedingungen seiner Möglichkeiten und Begrenzungen nicht mehr nachzudenken vermag.

sance auftat. Die den „statischen" mittelalterlichen Menschen, eingebunden in die feste Axiomatik von Weltanschauung und Lebensform (auch wenn diese unsere Vorstellung vielleicht wieder nur eine Hypostasierung darstellt) konfrontierte mit dem plötzli-

Opferschrein

II Erkennen

Was heißt erkennen?

Hängt es mit „kennen“ zusammen, also auch mit „wissen“, ist es ein plötzliches „Wieder-Kennen“, „Wieder-Sehen“ in einem imaginären Universal-Wörterbuch des Geistes?

Ist es die platonische „Einsicht“ in das Buch der ewigen Begriffe, die immer schon gesammelt und aufgezeichnet waren dort – und von wem?

Einem imaginären, einem überkonfessionellen Gott?

Ich entnehme dem etymologischen Wörterbuch[8], dass das Wort „erkennen“ abstammt vom althochdeutschen (i r) c h e n n a n, was „inne werden“, „geistig erfassen“, „sich erinnern“ bedeutet. Wieder zu finden ist das Wort auch im mittelhochdeutschen „bekennen“. Das entsprechende gotische „kannjan“ (us-kannjan) sowie das angelsächsische „gecennan“ bedeuteten hingegen „bekannt machen“.

Das Erkennen wäre also ein auch im heutigen Sinne verwendetes „geistiges Erfassen“; es wäre das pla-

chen Erwachen des Subjekts. Das Ich ist da, steht jetzt im Zentrum, emanzipiert sich von den festen Normen und Gesetzen seiner Welt und Vordenker.

Es wagt malerisch sogar die plastische Wiedergabe und Zurschaustellung seiner selbst in

tonische „sich erinnern“, und es wäre schließlich auch ein „bekennen“ oder auch „bekannt machen“ von etwas, das ein Wissen voraussetzt. Diese Doppelbedeutung (erkennen als ein „geistiges Erfassen“ und als ein „Bekanntmachen“) erklärt sich nach Meinung der germanistischen Etymologen[9] daraus, dass das altgermanische „kannjan“ ein Faktitivum aus der altgermanischen Präteritum-und Präsens-Form „kann“ und dem Infinitiv „kunnan“ (wissen) sei. „Er-kennen“ wäre demnach ein reflexives „ sich wissen machen“. Als weitere verwandte Wortbedeutungen sind auch noch die Wörter „können“ und „kühn“ genannt.[10]

Wissen wäre dann auch ein „Wieder-Finden,“ ebenso wie auch Lernen nach Platon immer ein „Wieder-Erinnern“ ist. Doch welche Ordnung liegt diesem Prozess des Erkennens zugrunde, zumal alles doch so wohl geordnet ist in unserer Gesellschaft und in unserem Geist?

Ordnungen sind nach Thomas von Aquin – und ausgedrückt wieder in einer bildlich poetischen Begrifflichkeit – die *Gedanken Gottes*. Selbst das Erkennen, auch das Erkenntnisvermögen hat von daher seine Struktur. Die Gesetze des Erkennens definiert

der dritten Dimension, in neuen, noch nie gesehenen Form-und Perspektiv-Kombinationen und so fort. Es wagt zu zweifeln, es wagt neue Wege zu gehen und es liebt vor allem die neu übersetzten Schriften der antiken Schriftstel-

oder studiert die Erkenntnistheorie, und vom Anbeginn der Philosophie bis hinein in unsere Gegenwart (be)schreibt diese Theorie eines der wichtigsten Kapitel im Buch der Philosophie und des menschlichen Geistes.

Wie wird erkannt?

Was wird erkannt?

Wie lässt sich die Struktur des Erkennens erkennen?

Was ist Wahrheit im Erkenntnisprozess?

Das nach der Erkenntnisweise des Erkennenden Erkannte ist Wahrheit für den Erkennenden, so könnte eine Definition und landläufige Meinung über das Erkennen lauten. Was ich als Rot-Grün-Blinder mit meinen Augen erkannt habe, ist Wahrheit für mich. Nicht jedoch für andere. Oder mit den Worten des Aquinaten:

Es gehört nämlich zum Wesen der Erkenntnis,
dass der Erkennende die Bilder des Erkannten
auf seine eigene Weise in sich hat.
(Contra gentiles 1,70)

ler, die über die arabischen Philosophen in Spanien jetzt nach Mitteleuropa gelangen konnten. Dies alles kündet sich in den Gemälden und Kunstwerken Giottos an, ist mittlerweile zum „Weltkulturerbe“ des menschlichen Geistes

Und weiter heißt es in der „Summa contra gentiles" 1,79 über das Erkennen:

Die Beziehung des Wahrnehmenden zum
Wahrgenommenen
ist die Folge der Wahrnehmung selbst:
der Wahrnehmende ist nämlich dadurch
auf das Wahrgenommene bezogen,
dass er es wahrnimmt.

Der Wahrnehmende aber nimmt
eine Sache nicht nur insofern wahr,
als sie in ihm selbst ist, sondern auch
insofern, als sie in der ihr eigenen Natur ist,
denn wir erkennen nicht nur,
dass eine Sache von uns erkannt wird
– d.h. dass sie im Verstand ist –,
sondern auch, dass sie in der
ihr eigenen Natur ist oder war oder sein wird.

Wir erkennen, dass die Liebe anders erkannt werden kann als das Denken, dass Gott anders „in seiner Natur ist" und damit erkannt werden kann als die

geworden und bleibt für historisch denkende Menschen überzeitlich aktuell.

Doch in Albrecht Fendrichs Bildern war davon fast nichts mehr zu sehen. Ein immer größer und eindringlicher werdendes Weiß dominierte seine

Wahrheit und so fort. Die Relativität der Erkenntnis-Wege hängt nicht nur von der unterschiedlichen „Natur“ des Erkenntnisgegenstandes, sondern auch von der unterschiedlichen Struktur („Ordnung“) des Wahrnehmenden und Erkennenden ab.

Dass das Denken und Erkennen jedoch eine Grenze habe, dieses Postulat zieht sich durch das ganze Werk des Aquinaten, ist fast ein Leitfaden der Philosophiegeschichte, wenn man unter Philosophie das „Denken des Denkens“ (Aristoteles) versteht.[11]

Über das Erkennen schreibt Thomas von Aquin weiter:

> *Jede Erkenntnis aber vollzieht sich durch eine Anpassung des Erkennenden an das erkannte Ding, und zwar derart, dass die besagte Anpassung Ursache der Erkenntnis ist.*[12]

Der Erkennende hat sich also an das „erkannte Ding“ angepasst: mit seinem Erkenntnisvermögen, seinem Erkenntnisinteresse, seinem Wissen. Diese Anpassungsleistung kann gleichwohl auch scheitern, Erkenntnis findet nicht statt, gelingt nicht. Jedes Er-

Arbeiten. Menschen, Städte oder Gegenstände waren kaum erkennbar. Alles löste sich auf in eine Abstraktion voller Farben und Formen. So weit, so gut – der kunsthistorisch geschulte Betrachter kennt diesen Emanzipationsprozess der Malerei insbe-

kennen liegt also einzig und allein im Erkennenden und seinen Fähigkeiten, auch denen seiner Erkenntnis-„Organe“, wie die neuzeitliche Neurologie zu betonen bemüht ist.

Die Anpassung des Denkens an das Erkannte als Erkenntnisobjekt führt nun wieder zu einem erkenntnistheoretischen Relativismus: Da jeder anders zu denken und zu erkennen imstande ist (positiv ausgedrückt), kommt jeder immer wieder auch zu anderen Ergebnissen.

Deutlicher sagt dies der Aquinate, wenn er betont, dass eben diese Anpassung des Erkennenden an das Erkannte Ursache seiner Erkenntnis sei. Mit anderen Worten: Nur eine Anpassung an das zu Erkennende bewirkt die Erkenntnis. Nur die Anpassung an die Natur bewirkt eine Naturerkenntnis, nur die Anpassung an Gott die Gotteserkenntnis.

Doch was heißt nun „Anpassung“? – Das Erkenntnisvermögen so „einzurichten“, so zu „erfinden“, „bereit zu machen“, dass dieses sein Instrumentarium fähig wäre zur Erkenntnis? – Wo bleibt da die Objektivität der Erkenntnis und Wahrheitssuche?

sondere im 20. Jahrhundert. Dass die Gegenständlichkeit oder realistische Abbildung der Umwelt von den Künstlern aufgegeben wird zugunsten eines überbordenden Subjektivismus, der nur noch den expressiven (Selbst-) Ausdruck, die wilde Ge-

Neuzeitlich bedeutet dies, das Mess-Instrumentarium etwa der Naturwissenschaften oder einer szientistisch ausgerichteten Soziologie so einzurichten oder aufzubauen, dass die intendierten Ergebnisse sich einstellen müssen. Und umgekehrt: Ist das Instrumentarium noch nicht bereit oder fähig, kann es auch noch keine Ergebnisse, das heißt auch noch keine neuen Ergebnisse geben (die meist auch technologisch und merkantil ausgenützt werden wollen)[13].

Und wo bleibt die Wahrheit? – Im ersten Buch der „Summa contra gentiles“ (Kapitel 60) wird Wahrheit mit „Vollkommenheit der Erkenntnis oder der geistigen Tätigkeit“ gleichgesetzt. Ein hoher Anspruch, der in Zusammenhang mit der allgemeinen menschlichen Unvollkommenheit vielleicht gar nicht eingehalten werden kann.

Thomas von Aquin trennt jedoch scharf zwischen Wissen, Denken, Erkennen und Glauben. Das Erkennen liegt in der natürlichen Ordnung begründet und ist durch die Begrenztheit ebenso sehr eingeschränkt wie das Wissen des Menschen.

Demgegenüber gibt es jedoch auch eine übernatürliche Ordnung, die dem Menschen mittels „Offen-

ste im malerischen Duktus oder die kühl-rationale Form an Hand mathematischer oder geometrischer Zeichen und Strukturen in den Vordergrund stellt.

Doch kann eine spirituelle Malerei, denn das waren die spätmittelalterlichen Giotto-

barung“ oder „Prophetie“ zu Hilfe kommt.[14] Ich sage „zu Hilfe kommt“, denn ein Zurechtfinden in der eingeschränkten und begrenzten menschlichen Ordnung des Denkens (den Menschen als Kreatur bezeichnet Thomas von Aquin als „dunkel“) ist schlechterdings nicht möglich. Also brauchen wir Unterstützung durch übernatürliche Kunde oder Erfahrung:

Da die natürliche Kraft des geschaffenen Geistes nicht dazu hinreicht, das Wesen Gottes zu schauen, ist es notwendig, dass ihm darüber hinaus eine Kraft des Erkennens aus göttlicher Gnade zuwachse.[15]

Diese Hilfe bei der übernatürlichen Erkenntnis wird also als „Gnade“ definiert, ein Begriff, an dem sich die dreihundert Jahre später stattfindende Kirchenspaltung mit Heftigkeit entzünden wird.

Den „Zuwachs an Erkenntniskraft“ nennt der Aquinate „Erleuchtung des Geistes“, wie auch die Hilfe bei den Möglichkeiten des Erkennens in bildlicher Sprache „Licht“ oder „Leuchte“ von ihm genannt wird.[16] „Erleuchtung“ wäre also das, was über die natürliche Erkenntnis hinausreicht, Erleuchtung durch „Licht.“

Vorlagen trotz allem und das sollten die neuen Arbeiten von Albrecht Fendrich wieder sein: spirituelle Kunst, kann und darf eine solche Malerei auch heute noch das Ich so übermächtig in den Vordergrund rücken? - Indem es alle

Platon nennt in diesem Zusammenhang das Bild der Sonne, der man näher oder weniger nahe sein könne in seiner Höhle. Auch in anderen Religionen wird der Begriff der „Erleuchtung" immer wieder als transzendentale Kraft eingeführt und gebraucht.

Nun ist das übernatürliche Erkennen fest verbunden mit zwei wichtigen Punkten: der Gnade (um die man, nebenbei bemerkt, auch bitten muss) und dem Glauben. Der Glaube an die Wirklichkeit und auch praktische Wirksamkeit im Leben dieser die menschliche Ordnung übersteigenden Erkenntnis ist ebenso notwendig wie in der natürlichen Ordnung der Glaube etwa an die Logik, an den Satz vom Widerspruch oder an die Gesetze der Natur, welche man in Zahlen und Formeln auszudrücken versucht.

In der Wertigkeit dieser beiden Erkenntnisweisen (rationale und irrationale Erkenntnis) steht Letztere auf einer anderen und für Thomas von Aquin auch durchaus höheren Stufe. Die „Wahrheit des Glaubens" darf nicht mit dem rationalen Begriffsvokabular „hinterfragt" werden, ebenso wie auch bei Pascal in einem anderen Zusammenhang „das Herz eine Sprache spricht, die der Verstand nicht versteht":

Fesseln und Bande zertrümmert und dergestalt „frei" wird?

Und ist diese „Freiheit" nur eine modische „Freiheit zum Nichts", was doch gerade von mir und in meiner Auseinandersetzung mit

Gar sehr muss einer sich davor hüten, zu den Dingen des Glaubens durch Beweisgründe hinführen zu wollen, und das aus zwiefachem Grunde: erstens weil er dadurch dem hohen Rang des Glaubens Abbruch tut, da die Wahrheit des Glaubens alle menschliche Vernunft übersteigt; weil, zweitens, derlei Vernunftgründe meistens nichtig sind, geben sie den Ungläubigen Anlass zum Spott, indem diese meinen, wir gäben den Glaubenswahrheiten unsere Zustimmung um solcher Gründe willen.[17]

Oder an anderer Stelle sagt er:

Dieses aber ist nicht erlaubt und vermessen: dass einer auf solche Weise das Göttliche erforsche, als werde er an das Ziel des Begreifens gelangen können.[18]

Die Wahrheit des Glaubens, zumal wenn sie sich mit dem „Göttlichen" befasst, hat ebenso ihre Axiome wie die Wahrheit des rationalen Denkens.

Wenn das Denken sich immer nur wieder in Relativitäten findet, die lebenspraktisch von positiver oder auch negativer Art sein können, wenn sowohl die Negation wie die Affirmation selbst Gottes relativ bleibt auf das

Thomas von Aquin gerade nicht angestrebt worden war?

In Albrecht Fendrichs Bearbeitungen wird die Farbe Weiß immer mächtiger, und in meinem vielleicht vorschnellen Urteil, welches

jeweilige „Sprachspiel" des Menschen, auf seine Kultur, Tradition, Erfahrung und Gewohnheit, wenn also immer nur wieder Axiome übrig bleiben, welche die Ordnung unseres Denkens stützen und erfordern: sei es die Ordnung der Naturwissenschaften, der Mathematik oder Astrologie, sei es die des Gottesglaubens oder des Glaubens an das Nichts etc. – dann hat das Mittelalter zumindest ein Axiom fraglos akzeptiert: Gott ist, und er hat sich den Menschen „mitgeteilt", damit sie Auskunft erhielten darüber, was ihr „Heil" sei:

Es war uns notwendig, Kunde zu haben von den göttlichen Personen, damit wir richtig dächten über des menschlichen Geschlechtes Heil.[19]

Der unbewiesene oder auch unbeweisbare Glaube an übernatürliche Erkenntnisse (etwa auch Platons Satz: „Nur das Gute erzeugt das Gute") steht zumindest im Mittelalter gleichberechtigt neben der rationalen, durch Experimente beispielsweise „gesicherten" Erkenntnis, die gleichwohl immer wieder *„zersplittert wie in einem Spiegel"* und vielfältig ist.

auch andere Menschen teilten, symbolisierte dieses Übermächtigwerden von Leere vielleicht sogar das Nichts. Giotto und Giottos Gedanken waren nicht mehr wieder zu erkennen. Seine Vorlagen verlieren ganz ihren

Nicht alles also, was über Gott gesagt wird, ist, obwohl es mit der Vernunft nicht erforscht werden kann, sogleich als falsch zu verwerfen
(Contra gentiles 1,4).

Dem rationalen Wissen fehlt deshalb etwas in seiner Einseitigkeit. Dieses Fehlen wird heutzutage, im Zeitalter des Pluriversums und der Pluralitäten, wo „alles geht" im Denken und Glauben der Axiome, immer schmerzlicher bewusst.

Deshalb schreibt Thomas von Aquin in der Summa theologica II, II, 2, 3:

Ein jeder, der lernt, muss glauben, damit er zu vollkommenem Wissen gelangt.

„Vollkommenes Wissen" schließt also beide Welten ein: die der rationalen und die der irrationalen Erfahrungen und Kenntnisse.

Damit wären wir bei den beiden wichtigen Maximen der mittelalterlichen Philosophie angelangt: Ich erkenne, damit ich glaube (intellego ut credam). Und: Ich glaube, damit ich erkenne (credo ut intelligam).

Verweisungscharakter. Gegenstände sind nur noch annähernd erkennbar, die schöne „Madonna mit Kind und Heiligen" erscheint ganz ohne Gesicht. Nur noch ihre Gestalt ist vage als äußere Form erkennbar, ansonsten ver-

Beide Sätze lassen sich im Werk des Aquinaten finden. Beide Welten spielen auch heute noch eine große Rolle. Bislang weigern sich die Naturwissenschaften, die Glaubenssätze ihrer Wahrheiten offen zu legen, oder, in ihrer Terminologie ausgedrückt, mit welcher Wahrscheinlichkeit ihre Wahrheiten gelten. Umgekehrt weigern sich aber auch beispielsweise die Kunst oder die Religionen, die relative Beschränktheit ihrer Wahrheiten anzuerkennen und die Andersartigkeit oder gar Gleichwertigkeit von religiösem Erkennen und wissenschaftlicher Beweisbarkeit anzuerkennen.

Im Bereich der Gotteserkenntnis entdeckt Thomas von Aquin drei Möglichkeiten des Erkennens: erkennen (1) mit der „natürlichen Vernunft des Menschen" (er selbst hat auch fünf rationale, das heißt an die Vernunft und das Denken gerichtete Gottesbeweise geliefert[20], obgleich er diese auch wieder an anderer Stelle in Frage gestellt hat), erkennen (2) mittels „göttlicher Offenbarung" (etwa durch Prophetie) oder auch (3) durch „spontane Erleuchtung":

Es findet sich aber, dass der Mensch eine dreifache Erkenntnis der göttlichen Dinge habe. Die erste

liert sich das Bild in geometrischen Zeichen und Farbspielereien, Stilmittel, die eher einem arabischen Auftrag folgen wollen als einem christlichen oder gar katholischen. Denn das jüdisch-alttestamentarische „Du sollst dir kein

entspricht dem, dass der Mensch mit dem natürlichen Licht der Vernunft durch die Schöpfung hin zur Erkenntnis Gottes aufsteigt. In der zweiten steigt die göttliche Wahrheit, welche die Erkenntniskraft des Menschen überschreitet, in der Weise der Offenbarung zu uns herab, jedoch nicht als erweisbar zu schauende, sondern als auf Verkündigung hin zu glaubende. Die dritte ist darin gegeben, dass des Menschen Geist dazu erhoben wird, das Offenbarte vollkommen zu schauen.[21]

Im Compendium theologiae (1, 216) beschreibt der Aquinate noch eine letzte Definition des Erkennens: er spricht vom „morgendlichen“ und „abendlichen“ Erkennen. Das „morgendliche Erkennen“ begreift „die Dinge im Wort“. Wobei gerade diese „Erkenntnis der Dinge im Wort“ (d.i. auch in Zahlen oder naturwissenschaftlichen Gesetzen) immer unvollkommen und relativ bleiben wird. Das „abendliche Erkennen“, welches dem Menschen beschwerlich und nur den Engeln möglich ist, erkennt die Dinge „in ihrer eigentümlichen Natur“.

Dabei ist weniger Kants X-Incognitum gemeint, das Ding an sich jenseits seiner vielfältigen Verhül-

Bild von mir machen“ wird auch im Islam gepflegt bis auf den heutigen Tag.

Waren Albrecht Fendrichs Giotto-Arbeiten also eine künstlerische Annäherung an den jüdisch-islamischen Kulturkreis, initiierten sie

lungen, als vielmehr die Erkenntnis der „göttlichen Dinge“, die zumindest dem Menschen unmöglich ist, da sein Erkennen „von den Sinnen her“ ausgeht:

> *Diese Art Erkenntnis aber kommt den Menschen gemäß ihrer Natur auf andere Weise zu als den Engeln. Denn die Menschen nehmen, gemäß der Ordnung ihrer Natur, die geistig erkennbare Wahrheit der Dinge von den Sinnen her auf.*

Oder an anderer Stelle heißt es (Summa theologica I, 12,12):

> *So weit mag unsere natürliche Erkenntnis sich zu erstrecken, als sie an der Hand geführt werden kann durch die Sinne.*

Es folgt nun im Compendium theologicae 1, 216 eine Einfügung über das Wissen der Engel, die nicht auf die sinnliche Erkenntnis als Basis angewiesen sind, sondern „kraft des Einströmens göttlichen Lichtes“ die Wahrheit direkt erkennen als ein

vielleicht sogar mit hintersinnigem Lächeln eine neuerliche interkulturelle Begegnung zwischen Islam und Christentum, was ja in der Zeit Thomas von Aquins und Giottos durchaus üblich war?[2] - Der Maler, daraufhin angesprochen,

übernatürliches Erkennen der Geheimnisse Gottes.
In beiden aber, Menschen wie Engeln, findet sich
– hinausliegend über das Erkennen der Dinge,
wie es ihrer Natur gemäß ist –
ein übernatürliches Erkennen der Geheimnisse Gottes.

Die Menschen werden darüber durch „prophetische Offenbarung" belehrt.

äußert sich nicht. Er kann auch mit dem katholischen Ästhetizismus, wie er scheinbar gegenwärtig wieder auflebt, nicht viel anfangen. Dann und wann ist der Künstler, wie viele andere von uns auch, Buddhist, Hinduist, Muslim, Jude...

ohne Titel

III Ordnung

Sapientis est ordinare – des Weisen Aufgabe ist: ordnen (Summa contra gentiles 1, 1). Einen Zentralsatz Thomas von Aquins, ja des ganzen Mittelalters bis hin in die Gegenwart will ich damit aufgreifen. Er kreist um den Begriff der Ordnung: weise zu sein bedeutet ordnen. Ordnen nicht im Sinne einer klugen Haushaltsführung, die die Dinge an die Stelle legt und findet, wo man sie suchen wird. „Ordnung“ eher im Sinne einer gedanklichen Struktur, die es in der Wirklichkeit und überall zu finden gilt, denn eine solche Struktur zu erkennen oder zu entdecken bedeutet – im materiellen, im sozialen, im geistigen Bereich – die *Gedanken Gottes lesen zu können.*

Thomas von Aquin entdeckt überall „Ordnung“, auch „Ordnungen“, was durchaus einen Unterschied macht. Und alles spielt sich seiner Meinung nach wie in einem festgelegten Computerprogramm vor den Augen unseres Geistes und des erkennenden Verstandes ab.

Jeder Stoff, jede Materie, auch alles Ungebändigte oder Chaotische strebt so nach einer Ordnung,

Insbesondere die japanische Zen-Meditation wird von ihm in einer Gruppe regelmäßig praktiziert und gepflegt.

Überbordende Farben, Formen, Klänge und Schönheiten, die die Sinne womöglich mehr

nach einer Form oder Struktur, die gleichwohl vom Menschen nur erkannt oder entdeckt und nicht erfunden oder erzeugt wird. Selbst wenn der Mensch eine Ordnung oder Struktur oder Form entwickelt hat – stolz ist er auf sein neues Kunstwerk, die perfekte Maschine, das wohl gelungene Gefüge oder Schema im Personalmanagement, um nur einige Beispiele zu nennen, - nach Platon oder Thomas von Aquin hat er diese Ordnung nur *gefunden, entdeckt*, sie war bereits lange vor ihm entwickelt und hat nur darauf gewartet, von ihm entdeckt zu werden.

Wie hängt nun die Ordnung, die in uns und außer uns alles strukturiert und sogar determiniert, mit dem Schicksal und der Vorsehung zusammen?

Ist die Ordnung, in die mein Körper genetisch hineingeboren ist (oder wird?), in der ich meine Rolle gesellschaftlich wahrnehme, in der ich meinem Lebensziel mit oder ohne Hilfe entgegengehe – das ist auch der Tod –, ist diese Ordnung nun mein Schicksal, und indem ich die Strukturen dieser Ordnung, ihre Gesetze sozusagen, erkenne, könnte ich dann auch mein Schicksal und meinen Lebensweg erkennen und ändern?

ansprechen wollen als den Verstand, waren insbesondere auch Martin Luther und seinen Nachfolgern ein Stein des Anstoßes bis auf den heutigen Tag.

Thomas von Aquin antwortet:

Nicht der Mensch schafft sich selber das Gesetz. Sondern kraft seiner Erkenntnis, durch die er das von einem anderen geschaffene Gesetz gewahrt, wird er gebunden, das Gesetz zu erfüllen[22].

Wir sind also nicht Herren unseres Schicksals, sondern unterliegen dessen Gesetzen. Das Höchste unserer Möglichkeit wäre demnach, diese Gesetze zu erkennen und – zu befolgen.

Doch welche Gesetze meint der Aquinate?

Die Gesetze unseres biologischen Körpers, die Strukturen unserer psychischen Entwicklung, das Wissen um die Richtigkeit normierter Verhaltensregeln in der menschlichen Gesellschaft?

Nun schreibt der Aquinate in „De duobus praeceptis caritatis“:

Ein Dreifaches ist dem Menschen notwendig zum Heile: zu wissen, was er glauben, zu wissen, wonach er verlangen, und zu wissen, was er tun soll[23].

Warum all diese ästhetischen Ablenkungen in den Kirchen und Glaubensschulen, wenn doch das Wort im Mittelpunkt einer Glaubenslehre oder einer religiösen Überzeugung stehen sollte, das zu interpretierende Wort der

Im Zentrum dieses Satzes steht also das Wissen. Und Wissen bedeutet: Einsicht in die Gesetze des richtigen Glaubens, der richtigen Sehnsucht und des richtigen Handelns zu nehmen.

Schicksal und Vorsehung sind in diesem Denken nichts anderes „ *als das Bild der Ordnung der Dinge, wie es im Geiste Gottes lebt. Das Schicksal aber ist die Entfaltung jener Ordnung in der Wirklichkeit selbst*“ (Quaestiones quodlibetales 12, 4). Glaube, Sehnsucht und Handeln, das wären also drei wichtige Koordinaten unserer menschlichen Existenz, die auch unser Schicksal bestimmen. Richtig glauben, das bedeutet die Grenze des Wissens zu wissen und zu respektieren. Richtig sehnen bedeutet, die Grenzen (und Unmöglichkeiten) von Befriedigung und Lust anzuerkennen, und richtig handeln bedeutet mit Platon, dem großen Vor-Denker Thomas von Aquins, das Gute zu tun.

Nun hat aber auch jede Lebensform des Menschen ihre eigene Ordnung: eine eigene Struktur im Sprechen und Denken, im kreativen Schaffen, in der Wahrheitsvorstellung, im Glücklich- und Gutsein, in der Zielsetzung. Man könnte sie in ihrer Heterogenität

Bibel, sagen diese Christen, und nicht Rausch, Versenkung oder Ekstase. Ebenso wenig sollte es den Tanz der Töne, Farben und Gestalten, noch weniger das Zusammenwirken von Düften oder anderen Formen in den Kirchen ge-

fast vergleichen mit den unterschiedlichsten Biotopen der Naturwelt, menschliche „Soziotope" gleichsam, die sich ebenfalls und ebenso fremd gegenüberstehen, manchmal sogar bekämpfen. Dennoch ist trotz der großen Unterschiedlichkeit, mit und ohne Verstehen oder Verständnisbereitschaft, alles auf ein Ziel hingeordnet, und dieses Ziel bestimmt die Struktur oder Art und Weise einer jeden Ordnung. Weiter heißt es:

Für alles aber, was auf ein Ziel hingeordnet ist, muss der Maßstab des Lenkens und Ordnens vom Ziel her genommen werden.
(Contra gentiles 1,1)

Die Hinordnung auf ein Ziel, das die Struktur des sich Darauf-Hinordnenden definiert, beschreibt der Aquinate mit Aristoteles (1.Buch Metaphysik):

Ein Ordnung von Dingen kann nur zu Wege gebracht werden durch die Erkenntnis des Verhältnisses und der Entsprechung derer, die aufeinander und auf etwas Höheres, das ihr Ziel ist, hingeordnet sind; denn eine Ordnung von Dingen zueinander besteht um ihrer Ordnung auf ein Ziel hin. Das Verhältnis und die Ent-

ben, verlangen zumindest viele protestantische Theologen.

Wären also Albrecht Fendrichs Bilder Kunst eines zumindest protestantischen Künstlers, diese Vermutung sei einmal aufgestellt, während

sprechungen von Dingen zueinander zu erkennen ist aber allein Sache von jemandem, der Verstand hat. Über etwas aber von der höchsten Ursache her zu urteilen ist Sache der Weisheit. Daher muss jede Ordnung durch die Weisheit eines Verständigen geschehen. (Contra gentiles 2,24)

Die „Entfaltung jener Ordnung in der Wirklichkeit selbst“, die durch die „Weisheit eines Verständigen“ gemacht worden ist, geschieht nun gleichwohl mit und ohne das Denken oder Handeln des Menschen. Zu klein, zu schwach, zu begrenzt sind wir, um das Wirken dieser Ordnungen, die selbst den Kosmos prägen und zusammen halten, zu verstehen, geschweige denn, sie zu ändern. Selbst die philosophische Grundfrage „Warum ist Etwas und nicht Nichts“ lässt sich in diesem Sinne nur spekulativ (oder sprachartistisch) beantworten: Weil die Ordnung des Etwas ebenso wie die Ordnung des Nichts das menschliche Auffassungsvermögen übersteigt. Weil die Ordnung des Etwas eine Ordnung enthält, also eine Ordnung zweiten Grades (oder auch Meta-Ordnung), die sich in der Ordnung des Nichts spiegelt und ergänzt. Spiegel und Spiege-

ich insgeheim römisch-katholische, ja mittelalterlich-orthodoxe Wurzeln suchte und mir vorstellte?

Doch was wäre eine katholische, was eine protestantische Malerei, um das Thema an-

lung auch im dialektischen Sinne mögen gleichwohl nur eine sprachbildliche Annäherung an das Unaussprechliche, auch Unerkennbare sein, die sich in einem vielleicht aberwitzigen Formulierungsversuch oder in einer gewagten Hypothese „ergänzen" im Sinne einer Komplementarität und bedingen.

zusprechen, ohne es in den islamischen oder asiatischen Bereich ausufern zu lassen? - Kann das überhaupt noch vorstellbar sein heute, in dieser unserer Zeit und Weltkultur, die mittlerweile so stark von der machtpolitisch gesteuer-

Weihnachten

IV Liebe

Das Gute tun heißt mit anderen Worten lieben. Das „richtige Lieben“ hat immer das Gute als Ziel und nicht die Bedürfnisbefriedigung der Sehnsucht. Denn die platonische Liebe, von der auch der Aquinate ausgeht, impliziert die Sehnsucht nach dem Guten, letztlich auch nach Gott, dem obersten Inbegriff des Wahren, Guten und Schönen. Doch deshalb muss

> *die Ordnung des Erkennens... nicht unbedingt dieselbe sein wie die des Liebens*[24].

Die „Ordnung des Erkennens“ mögen die Biologie, Psychologie, Soziologie von Fall zu Fall trefflicher und für den Einzelnen relevanter untersuchen können als die Philosophie – sie tun es ununterbrochen und mit jeweils neuen und spektakulären Ergebnissen. Auch die „metaphysischen“ Definitionen von Erkenntnis im philosophischen Sinne – etwa der Ansatz von Jürgen Habermas, der jedem Erkennen ein *Interesse* zuordnet, ein Interesse an technischer

ten Massen-Manipulation beherrscht wird und das religiöse Leben zumindest in manchen Ländern nur noch ein Schattendasein führt?

Über ein Wirtschaftssystem, das aus dem Geist des Protestantismus entstanden ist,

Verfügungsgewalt, ein Interesse an lebenspraktischen Problemlösungsversuchen oder auch ein Interesse an Befreiung – , alle diese Ansätze berühren gleichwohl einen ganz anderen menschlichen Bereich als den Bereich der Liebe, der in einem anderen Zusammenhang dem mittelalterlichen Philosophen um ein Vielfaches wichtiger und bedeutsamer erscheint.

Thomas von Aquin räumt der „Ordnung des Liebens" deshalb eine andere Struktur ein als der Ordnung des Erkennens, die gleichermaßen stark von logischen Schlüssen oder sprachphilosophischen Dogmatismen eingezwängt und deshalb immer auch relativiert werden kann.

Von der Liebe sagt der Philosoph in der Summa theologica II, II, 27, 4, obj.1, ad 1:

Die Liebe ist der Erkenntnis Ende. Wo also
die Erkenntnis aufhört,
nämlich bei jenem Wirklichen selbst, das durch
ein Anderes erkannt wird,
da kann die Liebe sogleich beginnen.

sind schon zahlreiche Bände geschrieben worden. Die sozialphilosophischen Forschungen Max Webers etwa, der nachzuweisen versuchte, dass insbesondere der Calvinismus und dessen Ethik entscheidend für das kapitalis-

Negativ formuliert startet die Liebe also erst mit dem Ende der Erkenntnis.

Das klingt fragwürdig: Am Ende des Denkens, der Vernunft, des Verstandes könnten wir sogleich weiterfahren in einer neuen Spur der Unbeschwertheit, vielleicht auch des ganz Anderen, mit Sinnlichkeit, Lust und Rausch.

Doch Thomas von Aquin schränkt ein: die Erkenntnis, der rationale Akt hört auf „bei jenem Wirklichen selbst, das durch ein Anderes erkannt wird". Wir haben eben schon vom Erkennen des „Anderen" gesprochen, welches den Erkenntnis-Prozess erst evoziert.

Welches „Wirkliche" wird im Falle der Liebe durch ein „Anderes" erkannt?

Von welcher Wirklichkeit spricht der Philosoph, wer oder was ist dieses „Andere", welches die Wirklichkeit jetzt in einer anderen Ordnung erkennt? – Immerhin besitzt es eine neue Struktur, denn die „Ordnung des Liebens" ist eine andere als die „Ordnung des Erkennens". Welche Struktur besitzt das Lieben oder die Liebe jenseits von Sehnsucht und Lust?

tische Erfolgsstreben und Erfolgssystem waren, haben eine starke, aber gleichwohl doch auch folgenlose Beachtung und Anerkennung weltweit gefunden[3]. Die führenden Industrienationen unserer Welt, allen voran die USA,

Thomas von Aquin schreibt: *Die Liebe in uns erfährt Ordnung durch die Tugend* (Summa theologica I, II, 55, 1 ad 4). Das Andere mit seinen Gesetzen und Prinzipien wäre also im Falle der Liebe die „Tugend“, ein Moralkodex, der nach Meinung des Aquinaten überzeitlich gültig bleiben wird. Dazu gehören ganz konkret gesprochen z.B. in der Ehe Treue, in der geschlechtlichen Lust Kindersegen, in der Nächstenliebe Hilfsbereitschaft, Toleranz und so fort, um nur einige Beispiele zu nennen, die bis heute den Tugendkanon etwa der katholischen Kirche weiterhin bestimmen.

An anderer Stelle verallgemeinert der Philosoph wieder mehr, wenn er formuliert:

> *Der Liebe Eigengegenstand ist das Gute...*
> *Das Gute ist die wesenseigene Ursache der Liebe*[25].

Eben haben wir bereits das Gute als das Ziel der Sehnsucht kennen gelernt. Jetzt ist es mit der Liebe verbunden. Alle Bestrebungen der Liebe, alles Grenzen Auflösende oder ein Ende Setzende münden deshalb wieder ein in das Gute, welches eben Quelle und

seien zumindest im 19.Jahrhundert stark protestantisch ausgerichtet gewesen, so die Theorie. Die Arbeits - und Askesemoral habe sich dort insbesondere im 19.Jahrhundert mit großem Erfolg ausgebreitet und durchgesetzt.

Nährboden für die Liebe ist. Nur die Liebe, die das Gute anstrebt, erfüllt so ihre Ordnung und Aufgabe. Liebe mit dem Ziel, das Gute zu tun, so lässt sich auch Augustinus interpretieren – er räumt ebenfalls der Liebe mit seinem „ama et fac quod vis“ (liebe und mache was du willst) eine größere Freiheit auch der Ordnung ein – , und nur so kann man auch die Liebe als eine andere Form des Erkennens verstehen, als jenes Wirkliche selbst, *das durch ein Anderes* – nämlich das Gute – *erkannt wird.*

Schließlich wird der Liebe noch ein weiteres wichtiges Vermögen zugeschrieben: Der Liebende wird auch passiv zum „Geliebten“, denn er bewegt sich in einem reziproken und gleichwertigen Akt hin zum geliebten Subjekt:

> *Von der Liebe heißt es, sie bilde den Liebenden um in das Geliebte, sofern durch die Liebe der Liebende hinbewegt wird zu dem geliebten Wesen selbst*[26].

Aus dem Geliebt-Werdenden wird so in einem Umkehrschluss „das Lieben“, das Aktivwerden, die „Hinbewegung“. Eros, der mächtige Gott der Sehnsucht,

Mittlerweile ist sie zu einem weltweiten Modell geworden, auch wenn sich das sogenannte „Leistungsdenken“ immer mehr zu einem nicht hinterfragbaren irrationalen, ja menschenfeindlichen Faktor zu entwickeln droht.

sucht und findet sein Ziel gleichwohl auch durch das Gestalten, Neuschöpfen oder Zeugen im platonischen Sinne. Die geistige Liebe, die nach keiner Bedürfnisbefriedigung im materiellen Sinne strebt, erfüllt sich im Gründen, Bilden und Gestalten neuer Formen, die ebenfalls die „Gedanken Gottes“ abbilden – auch sie bleiben überzeitig gültig.

Und die Lust – der Mensch ist immerhin das „*Seinsgefüge aus Seele und Leib*“(Summa theologica I, 75,4) – welche Aufgabe hat sie in dieser Ordnung der Dinge?

Die Lust ist eine Art Vollendung des Wirkens, wie Aristoteles deutlich gemacht hat, schreibt Thomas von Aquin in Contra gentiles 1,90, die Lust ist der Endpunkt dieser Hinbewegung des Liebenden zum geliebten Wesen, und

sie vollendet das Wirken wie die Schönheit das Jungsein (ebenda).

Das bedeutet: Die Lust vollendet auch die Liebe ebenso wie – komplementär dazu – die geistige Liebe als Askese die Sehnsucht nach Befriedigung vollenden kann.

Kann es also unter diesen Bedingungen heute noch eine spirituelle Kunst, sagen wir einmal in der Malerei, geben?

Wie sähe sie aus, was wären ihre strukturellen Kriterien, wie ließe sich der „Geist ihrer

Zehn Engel

V Glückseligkeit

Nun haben Liebe und Lust, Sehnsucht und Askese für den Einzelnen noch ein anderes Ziel:

Ein jeder ordnet, was er will, auf seine Glückseligkeit hin.
Diese selbst ist es, die nicht um eines Anderen willen
ersehnt wird, und in welcher die Bewegung
der Sehnsucht zur Ruhe kommt[27].

Alles Handeln, alles Tun und Wirken des Menschen setzt eine Ordnung, eine Struktur voraus, bewusst oder unbewusst, deren letztes Ziel nun die Glückseligkeit ist. Alles Handeln, alles Tun und Wirken hat als Antrieb die Sehnsucht, die Sehnsucht nach Glückseligkeit. Platon nennt dies Eros, die Liebe zu den Ideen, deren höchste die Idee des Guten ist. Vieles wird um „eines Anderen" willen ersehnt, nicht jedoch die Sehnsucht, die in der Liebe zu den Ideen zur Ruhe kommt.

Thomas von Aquin schreibt: „*Der Name Glückseligkeit meint die äußerste Vollendung der geistigen Natur*" (Summa theologicae I, 62, 1) oder, an anderer Stelle in

Ordnung" definieren und verstehen?

Zwei spontane Reaktionen hat es bei einer Ausstellung auf die Bilder Albrecht Fendrichs gegeben. Die eine war eine direkte und sofort ausgesprochene Ablehnung, die sogar soweit ging,

Contra gentiles (3, 28), *„Letztes Ziel des Menschen und seine Glückseligkeit ist: sein vollkommenstes Wirken“*, oder schließlich im Kommentar zum Johannesevangelium 1, 7: *„Des Menschen Sehnsucht geht dahin, ein Ganzes und Vollkommenes zu erkennen“*.

Wir haben hier wieder drei neu-alte Begriffe („vollkommenstes Wirken“, „Vollendung“, „geistige Natur“), die im Denken des Aquinaten eine große Rolle spielen. Alles Wirken und Handeln strebt nach dessen Meinung zur Vollendung, das heißt auch: zur Vervollkommnung hin. Wir sind immer unterwegs mit dem Ziel, besser, vollkommner das (auch für uns) Gute zu erreichen. Wir nehmen dafür Umwege in Kauf, Rückschläge, Sackgassen. Aber immer bleibt unser Ziel, diesem Ziel der Vollkommenheit näher zu kommen.

Die Pessimisten und Negativisten werden nun schon von vorneherein abwinken und sagen: nichts für mich, mach deine Sache alleine, wenn du angekommen bist, sage mir Bescheid. Aber auch sie haben ihr Ziel, ihren Weg, den sie gehen, auch wenn er in die andere Richtung – die „Nichtvervollkommnung“ – führt. Auch sie suchen das Gute, aber mit umgekehrtem Vorzeichen.

dem Künstler „Blasphemie“ vorzuwerfen. Die Bilder würden weder eine religiöse Botschaft vermitteln noch interpretierten oder kommentierten sie die Aussagen Giottos. Sie führten noch nicht einmal dessen Ansatz weiter, sondern zerstörten

Die „Vervollkommnung des Wirkens" ist nun ein Maßstab, der – wie man weiß – im christlichen Glauben recht hoch angesetzt ist.

Vor allem bedeutet er eine „äußerste Vollendung der geistigen Natur". Nicht also die Vervollkommnung der Freude im Sinne Epikurs, die weitere subtile Differenzierung der Möglichkeit von Lust im Sinne eines ausgeprägten Hedonismus, welcher die materielle Bedürfnisbefriedigung als höchstes Gut anpreist und propagiert (im Gegensatz zu Epikur, der die „geistige Lust" etwa eines schönen Gesprächs unter Freunden bevorzugte). Nicht also die Lust im Sinne einer Befriedigung der Sinnlichkeit ist angesprochen, sondern das „geistige Glück" ist damit gemeint. Und „geistiges Glück" bedeutet auch im Christentum „Erleuchtung", „in Gott sein", geistige Schau:

> *Die höchste und vollkommene Stufe ist das dem geistigen Erkennen gemäße Leben. Denn der Geist richtet sich auf sich selbst; er vermag sich selbst zu erkennen.*[28]

nur das ganze Anliegen, mithin auch eine ganze Glaubenswelt. In den Bildern seien keine religiösen Botschaften mehr erkennbar. Die christliche Definition der Madonna beispielsweise als eine liebende und gütige Muttergestalt, wie sie Giotto

Doch es gibt auch eine Gegenläufigkeit zu diesem Gedanken des Aquinaten. An anderer Stelle heißt es nämlich:

Die Kreatur ist dunkel, vergleicht man sie
mit dem Adel des göttlichen Lichtes[29].

Die Kreatur, das geschaffene Wesen, der geschaffene Mensch steht jetzt gleichsam im Gegensatz zur platonischen Sonne und dem göttlichen Licht. Selbst von einer „Gestalt gewordenen Verkehrung der Schöpfungsordnung“ ist im Kommentar zum Johannesevangelium die Rede. In der Summa theologica II, II, 9, 4 heißt es sogar:

Je tiefer der Mensch das Wesen der geschaffenen
Dinge erkennt, umso mehr wird
dieses Wissen ihm zu einer Quelle der Trauer,
weil aus jeder geschaffenen Wirklichkeit eine
Gefährdung des Heiles hervorbrechen kann.

Zum ersten Mal dringt eine dunkle Sicht vom Menschen, dieser nach christlichem Denken mit der Erbsünde geborenen Kreatur, in das helle Weltbild des Aquina-

und zahlreiche seiner Nachfolger in die Welt gesetzt hätten, sei jetzt ganz verschwunden.

„Verschwunden“ ist tatsächlich der ausschlaggebende Begriff an dieser Stelle - in Albrecht Fendrichs Kunst scheinen tatsächlich alle christlichen

ten und seine „Welt als Schöpfung Gottes" ein. Auch bei Platon wird nicht klar, warum wir Menschen immer in dieser Höhle gefesselt und eingesperrt leben müssen. Warum wir nicht zum Licht, zur Sonne hin geboren sind.

Doch es gibt Hilfe auf diesem Weg zur Sonne, zum Licht, zum allgemeinen Guten hin: diese bewirken die Engel. Der Mensch vermag durch sich selbst Fehler zu machen, aber

voranzuschreiten zu verdienstlichem Wirken vermag er nur kraft göttlicher Hilfe. Die aber wird dem Menschen dargeboten durch die Vermittlung des Dienstes der Engel. Und daher wirken zu allem, was uns frommt, die Engel mit[30].

Wir sind also von Hilfen umgeben auf unserem Weg. Gut materialistisch gedacht mögen Engel die positive Kraft sein, die wirkt, wenn man an sie glaubt (und umgekehrt im Sinne der „self fullfilling prophecy"). Der Engel, um den man gleichwohl auch bitten muss, vermag *„kraft seiner Natur die Einbildungskraft des Menschen zu bewegen"*.

(Summa theologica I, 3, 3)

Botschaften im engeren Sinne verschwunden zu sein; sie haben sich aufgelöst ins Nichts. Übrig geblieben sind nur noch Dekorationen, Spielereien mit Farben und Formen, leere Zeichen und Struktur-Reihungen, die eher einem jüdischen Rabbiner

Thomas von Aquin schränkt jedoch ironisch ein: *„Nicht jeder, der von einem Engel erleuchtet wird, erkennt, dass er von einem Engel erleuchtet wird“* (Summa theologica I, III, 1 ad 3). So oder so sind wir also von Engeln umzingelt. Wir können ihnen nicht entkommen – glauben wir also daran oder auch nicht.

oder einem arabischen Mullah als einem überzeugten christlichen Zeitgenossen gefallen würden.

Matthias Buck, ein befreundeter Musiker aus der Musikgruppe Albrecht Fendrichs (gemeinsam mit Bernd Friedrich musizieren beide schon

Versammlung

VI Zeit

Die Engel sind anders, erkennen anders, haben auch eine andere Vorstellung von Zeit. Wenn für uns Menschen – und ich spreche jetzt besser von uns menschlichen „Kreaturen“ – die Zeit eher als ein Hetzen, Rennen und Davoneilen deutlich wird (bei den Buddhisten mag es auch ein gelegentliches Stillstellen der Zeit geben), so hat die Zeit bei den höheren Wesen eine ganz andere Bedeutung, auch eine andere Begrifflichkeit.

In barocken Allegorien wird die Zeit oft mit einem Stundenglas in Form einer Sanduhr verglichen. Steht die Sanduhr senkrecht und funktioniert sie genau, dann rinnt die Zeit – wir sehen eine stark stilisierte Acht. Liegt die Sanduhr jedoch waagerecht, steht die Zeit also still, symbolisiert die liegende Acht jetzt das Unendlichkeitszeichen der Mathematik.

Keine Zeit, das ist die Ewigkeit; Zeit als solche, das ist das Vergehen, die Bewegung, das Kleinerwerden des oberen Abschnitts der Sanduhr, das Zerrinnen. Thomas von Aquin schreibt mit Aristoteles (Physik,

jahrelang unter dem Namen ABM zusammen) überraschte mich gleichwohl mit einer direkt entgegen gesetzten Meinung[4].

Spontan hatte er das Bild mit der größten Offenheit, also mit dem meisten Weiß, erwor-

4. Buch): *Durch die Zeit wird nur das gemessen, was in Bewegung ist, deshalb, weil die Zeit die Zahl der Bewegung ist* (Contra gentiles 1,15).

Die Zeit mit ihrem Früher und Später ist das Maß des Menschen, so Thomas von Aquin. Der *Äon* sei das Maß des „Seins der Engel“. Die *Ewigkeit* schließlich sei das Maß Gottes, sofern Gott überhaupt einem Maßband unterlegt werden kann (vgl. das Kapitel Gott).

Die Zeit kennt also im Denken von Thomas von Aquin als ein weiterer Definitionsversuch und Maß die Begriffe „Früher“, „Später“, den „Äon“ und die “Ewigkeit“. Ganz ausgestorben in unserem Denken ist der Begriff des „Äon“. Er „*unterscheidet sich von der Zeit und von der Ewigkeit als ein Mittleres zwischen beiden*“.

Thomas von Aquin fährt fort:

> *Den Unterschied bezeichnen einige so: die Ewigkeit sei ohne Anfang und ohne Ende; der Äon habe*
> *einen Anfang, aber kein Ende;*
> *die Zeit aber habe Anfang und Ende* [31].
> *Die Zeit nun hat ein Früher und Später. Der Äon aber hat, in sich betrachtet, nicht ein Früher und Später; er*

ben. Begeistert, wie ich ihn selten erlebt hatte, schwärmte er von diesem Bild, interpretierte es auch so überzeugend, dass ich in meinem Urteil unsicher wurde und alles wieder in Frage stellen musste. Denn die Offenheit der bildnerischen

kann sich jedoch mit ihm verbinden. Die Ewigkeit aber hat nicht Früher noch Später, noch duldet sie solches
(ebenda).

Nach Meinung des Komponisten Olivier Messiaen, der die Vernichtungslager der deutschen Nazis kennen gelernt hat, ist die Zeit „der Abgrund mit seiner Traurigkeit und Last".

Ganz anders dachte das 13. Jahrhundert in seinen internationalen Hochschulen darüber, vor allem in der Kapitale und Hochburg des Denkens, Paris. Die Zeit, das war das Wieder-Entdecken eines großen Philosophen mit Namen Aristoteles über den Umweg der arabischen Wissenschaftler. Jahrhunderte lang stand er neben Platon nur an der Seite abseits neben ihm, von der Kirche beargwöhnt, von den Theologen abgelehnt.

Doch jetzt kündet sich Zeit als ein neues Zeitalter an, eine neue Offenheit für die „Naturwissenschaften", für das Denken, unabhängig von Vorgaben und Meisterdenkern. Ich weiß um zu glauben und nicht mehr: Ich glaube um zu wissen, so lautet der neue Grundsatz.

Struktur ließ tatsächlich dem Betrachter eine große Freiheit, ja machte ihn selbst auch zum eigentlichen Schöpfer des Bildes.

Wer wagt denn zu wissen, wie die biblischen Gestalten in ihrer Zeit ausgesehen haben?

Weiter gab es in dieser Zeit die großen Spannungen mit den Bettelorden, die Spannungen des Papstes mit Kaiser und Königen über die Vormachtstellung im Reich und so fort. Es war eine Zeit voller Veränderungen und Umwälzungen, ein Höhepunkt im Mittelalter, seiner schöpferischen Fähigkeiten, seiner „Zeit".

Es war gleichwohl auch der Anfang vom Ende. Im Universalienstreit kündigt sich bereits die Herrschaft des Einzelnen und die Bedeutung des Individuellen an. Das Zweifeln an den dogmatischen Wahrheiten wird zu einem übermächtigen „Trend". Neue Erkenntnisse aus der Geschichte der Philosophie und Theologie führen schließlich zu einer am Menschen orientierten „Wiedergeburt" als Subjekt und Individuum. Die geistige Schlacht mit den Arabern ist geschlagen – verloren, wenn man den Einfluss von Averroes auf die kommende Renaissance berücksichtigt.

Doch was bedeutet das alles angesichts einer Zeit ohne Anfang und Ende oder angesichts einer Zeit, die zwar einen Anfang, aber kein Ende hat?

Ich wiederhole: Die Ewigkeit ist das Zeitmaß Gottes; der Anfang, der kein Ende hat, ist die Zeit der Engel. Das Früher und Später mit seinem Anfang und

Jeder Versuch, sie bildnerisch darzustellen, ist und bleibt ein zeitgebundener. Immer offenbart sich dabei der byzantinische Blick, der gotische, der barocke, der moderne. Also wäre eine Nicht-Darstellung, eine Nicht-Festlegung wie

Ende begrenzt den Rahmen der Zeit des Menschen. Diese Zeit wird nicht qualitativ gesehen als ein „Zeitalter“, sondern als ein Fortschreiten der Entwicklung des Menschen, vielleicht auch des Menschengeschlechtes hin zu größerer Vervollkommnung, größerer Freiheit, größerer Verantwortung.

Die beiden letzten Bestimmungen stammen nicht mehr aus dem Denken des Mittelalters, sondern sie sind typische neuzeitliche, „moderne“ Vokabeln. Sie entstammen dem Zeitalter der Aufklärung, auch dem des Marxismus, und sie sind verbunden mit Hoffnungen, Illusionen und Enttäuschungen.

im Falle Albrecht Fendrichs immer noch besser als der vergebliche Versuch einer Abbildung wie auch immer.

Wir wären also wieder bei der Farbe Weiß und der Nicht-Darstellung von Wirklichkeit

Verkündigung

VII Gott

Doch wer oder was ist Gott?

Gott ist nun, nach einer der vielen Definitionen des Aquinaten,[32] *„ein Sein, das sein Sein selbst ist (ipsum esse est). Das aber kann von keinem anderen Wesen ausgesagt werden*“. Alles hat seine Ursache im Sein, nur das Sein selbst nicht; es existiert immer und ewig. Alle Wesen haben eine Ursache, sie sind gemacht, gezeugt, geschaffen, der Wandelbarkeit unterworfen. Thomas von Aquin (und Platon) setzen deshalb dieses unwandelbare Sein mit Gott gleich – der Aquinate schreibt:

> *Die Kraft Gottes ist durch sich selbst Ursache des Seins, und das Sein ist ihre eigentliche Wirkung. Der Name „der da ist“ ist am ehesten der eigentliche Name Gottes.*[33]

Mit anderen Worten: Es gibt etwas, und es existiert auch ohne uns, vor uns, nach uns. Nennen wir dieses Etwas „Sein“. Andere nennen es „Gott“, andere „Energie“, „Urknall“, „Materie“ und so fort – es werden

angekommen. Jeder Versuch einer Darstellung oder Interpretation bleibt immer wieder gefesselt an Ort und Zeit und Raum und ist damit auch der Mehrdeutigkeit wie Vergänglichkeit ausgeliefert. Das Weiße und die vielen of-

noch zahlreiche weitere Bestimmungen und „Namen“ im Laufe der Menschheitsgeschichte nachfolgen.

Immer aber wird es unser Fassungs- und Erkenntnisvermögen übersteigen. Es begrenzt uns und macht uns zu Ameisen in einem Ameisenhaufen. Mit einem Unterschied, dass wir Menschen-Ameisen die Struktur und Ordnung dieses unseres Ameisenhaufens erkennen, nachbilden und in engen Grenzen verändern können.

Aber auch dieser unser Ameisenhaufen kann durch einen Fußtritt (von wem?) zerstört und ins Chaos geführt werden. Ein Erdbeben, ein Meteor, eine Eiszeit kann alles wieder zusammen brechen lassen. Und wird es auch einmal wieder in absehbarer Zeit zusammenbrechen lassen.

Zurück bleiben die Bilder und unsere stammelnden Definitionsversuche von diesem „Etwas“, das uns begrenzt.

Eine erste Relativierung eines jeglichen Definitionsversuches von Gott sei an dieser Stelle bereits angefügt:

Unser erkennender Geist erkennt die göttlichen Dinge nicht gemäß ihrer eigenen Seinsweise – denn so vermag er sie nicht zu erkennen –, sondern gemäß der Seinsweise, die sich in den geschaffenen Dingen befindet.[34]

fen gelassenen Zeichen in der Kunst Albrecht Fendrichs spiegelten demgegenüber eine Gegenwart, die dogmatische Festlegungen scheut. Eine Zeit, die die Wahrheit nur von Fall zu Fall anerkennt und trotz allem dennoch dem

Die „göttlichen Dinge“, darunter auch die Engel, besitzen also eine eigene Seinsweise, die der Mensch nicht zu erkennen vermag. Er benennt diese Dinge – und dies höchst unvollkommen, denn *„ was immer ein endliches Wesen begreift, ist endlich“,* was immer ein begrenztes Denken erfasst, ist begrenzt[35] – mit dem eigenen Vokabular, der ihm eigenen Ordnung, Sprache und Erfahrung. Auch die Ameisen erkennen nach ihrer „Seinsweise“ nicht den Menschen-Gott, der ihren Ameisenhaufen zerstört. Sie reagieren auf das entstandene Chaos, fliehen, versuchen zu reparieren, pflanzen sich weiter fort etc., aber sie können aus ihrer „Ordnung der Seinsweise“ nicht heraus. Sie erkennen nicht dieses „Etwas“, das sie begrenzt.

Wer in der Ordnung seines Denkens, aus welchen Gründen auch immer, die Negation Gottes und der „göttlichen Dinge“ hat, der denkt dies gemäß seiner ihm eigenen Ordnung. Wer auch immer Gott zu definieren versucht, dem gelingt nur eine endliche, begrenzte, das heißt auch vergängliche, nur vorübergehend wahre Definition. Deshalb schreibt der Aquinate:

Rahmen der Bilder - das sind auch Leinwand, Grundierung, Material - und der Farbe Weiß vertraut.

Die Bilder Albrecht Fendrichs sind weder nahe am Verstummen noch sind sie Nichts. Sie

Dies ist das Äußerste menschlichen Gotterkennens, zu wissen, dass wir Gott nicht wissen.[36]
(Hoc est ultimum cognitionis humanae de Deo: quod sciat se Deum nescire).

Jedwelches Bild, jedwelche Vorstellung von Gott (auch diese meine Nicht-Vorstellung) ist immer wieder begrenzt, relativ auf das jeweilige „Sprachspiel", wie man heute sagen würde, auf die Lebensform, Kultur, Tradition:

Einzig daran erkennen wir Gott in Wahrheit, wenn wir glauben, dass er über alles hinausliegt, was Menschen über Gott zu denken vermögen...Demgemäß heißt es von uns, wir erkennten am Ende unseres Erkennens Gott als den Unbekannten, weil dann der Geist am vollkommensten befunden wird in der Erkenntnis Gottes, wenn er erkennt, dass Gottes Wesenheit über alles hinausliegt, was er im Stande des Auf-dem-Weg-Seins zu erfassen vermag.[37]

Doch ebenso sicher und bestimmt kippt der Philosoph in seinem Urteil auch wieder um in die Antithe-

sind E t w a s, doch die Bestimmung dieses Etwas bleibt offen und auch geheimnisvoll.

Mag sein, dass manche Menschen eine Interpretation, den Dolmetschversuch einer Übersetzung brauchen. Der Papst, die Politiker, die

se, dass zumindest von Gott gesagt werden könne, wie oder was er nicht sei:

Weil wir nicht vermögen von Gott zu wissen, was er sei, sondern nur, was er nicht sei: darum können wir nicht betrachten, wie Gott sei, sondern vielmehr nur, wie er nicht sei.[38]

Hilfe erhält der Mensch dabei durch die Engel und durch das Phänomen des Glaubens, welcher in der Ordnung Gottes höher steht als das Denken und Erkennen (vgl. das Kapitel „Erkennen").

Aus der Zersplitterung der Ur-Wahrheit und des Ur-Bildes von Gott in viele Sprachen, Meinungen und Hypothesen ergibt sich nach Ansicht des Aquinaten auch die Notwendigkeit, „*Gott mit mehreren Namen zu nennen*":[39]

Er ist vielfältig für das Denken: unsere Erkenntniskraft erfasst ihn auf so vielfältige Weise, wie die Dinge ihn vielfältig abbilden.[40]

An anderer Stelle heißt es aber dann auch im Sinne der Bibel (Zacharias 19,9): „*An jenem Tage wird er*

Philosophen, sie versuchen es Tag für Tag. Gelegentlich dogmatisieren sie auch ihre Vorgehensweise zu sehr mit dem Ergebnis, dass Gegenbewegungen und Gegenläufigkeiten entstehen, die zu blutigen Auseinandersetzungen werden kön-

Einer sein, und auch sein Name wird Einer sein".[41] Wann dieser Tag kommen wird, das bleibt unbestimmt. Der Wunsch, aus der Vielheit der Gottesvorstellungen und Gottesbilder eines zu filtern, welches gültig für alle und überzeitlich sein kann, dieser Wunsch bleibt zwar bestehen, wird jedoch eher skeptisch betrachtet.

Zwei Bestimmungen gibt der Aquinate uns jedoch mit auf den Weg – Gott ist einfach:

> *Je höheren Ranges ein Wesen ist, desto einfacher ist es...Es ist also notwendig so, dass, wer unter allen Wesen den höchsten Gipfel des Adels innehat, auch den höchsten Gipfel der Einfachheit innehabe.*[42]

Und Gott wird schließlich auch wesentlich durch das Schweigen geehrt:

> *Gott wird durch Schweigen geehrt – nicht weil wir von ihm nichts zu sagen oder zu erkennen vermöchten, sondern weil wir wissen, dass wir unvermögend sind, ihn zu begreifen.*[43]

Diesem Grundsatz ist der Philosoph am Ende seines Lebens schließlich treu geblieben. Mitten in sei-

nen - wir erleben es alle Tage.

Dem Rahmen und der Leere vertrauen bedeutet - ich sage es noch einmal - die Mehrstimmigkeit zu akzeptieren ebenso wie auch die Relativität der Erkenntnisweisen.

nem Hauptwerk, der Summa theologica, hat er am Nikolaustag des Jahres 1273 schließlich das Schreiben aufgegeben und fortan nur noch geschwiegen. „Alles, was ich geschrieben habe, kommt mir vor wie Stroh", so soll er sich einem Freund gegenüber geäußert haben. – Aber auch die Musik wäre ohne die Pausen nicht schön, denn *„auch der Liedgesang empfängt seine Süße aus den Zwischenzeiten des Schweigens"*.[44]

Und es bedeutet, sich selbst zu vertrauen, den eigenen Wahrheiten, den eigenen Irrtümern, der eigenen Einsamkeit.

Die eigene Sicht der Dinge zu akzeptieren heißt aber auch, sie offen und in der Schwebe zu lassen.

Gelbgrünes Feld

VIII Universalien

Fassen wir zusammen.

Tauchen wir ein gleichzeitig auch in das Hauptproblem der damaligen Epoche, welches Terroristenprozesse und Anklagen der Ketzerei zur Folge hatte, womit sich die politisch Mächtigen der Zeit ebenso wie die „Geistesfürsten" oder der Papst dauernd beschäftigen mussten. Es geht wieder um Begriffe und um die Wahrheit der Begriffe. Es geht nicht direkt um Gott und seine Existenz, denn dessen Existenz war, wie bereits dargelegt, als nicht zu hinterfragendes Axiom festgelegt und daran wurde geglaubt.

Es geht um Begriffe wie Wahrheit, Liebe, Erkenntnis, Allgemeinbegriffe (Universalien) also, und ob diese Begriffe nur Erfindungen unseres Geistes sind, Abstraktionen, oder ob sie in der realen Wirklichkeit auch existieren.

Was sich hier und heute als akademische Spiegelfechterei anzuhören scheint, war in Wirklichkeit jedoch damals von hochpolitischer Brisanz.

Offen für das Andere, auch die Änderung, die Antithese, die Alternative. Hin und her zu fallen im Taumel, in der Gewissheit, in der Unsicherheit, im Fehler. Das ist unsere Existenz, und dafür steht in der Kunst Albrecht Fendrichs die Farbe Weiß.

Angenommen, es gäbe die Allgemeinbegriffe nicht in unserer konkreten Existenz. Dann gäbe es auch keine allgemeine Wahrheit, Gerechtigkeit, keine allgemeinen Vorstellungen von Schönheit, keine verallgemeinerbare Vorstellung von Liebe über alle Kulturen und Zeiten hinweg.

Dann gäbe es nur immer wieder Einzel-Wahrheiten von Fall zu Fall, Einzel-Schönheiten, Einzel-Liebesvorstellungen und so fort. Dem Relativismus wäre damit Tür und Tor geöffnet, die Mächtigen der Welt könnten ihre Politik machen, wie sie wollten – und vor allem ganz ohne die Weisungsbefugnis des Papstes. Denn dieser wacht jetzt, im Jahre 1266, weiterhin eifersüchtig über die Wahrheit der Allgemeinbegriffe. Er als Stellvertreter Christi auf Erden hat den direkten Draht zu den höheren Mächten und so fort.

Wenn nur die Einzeldinge existieren, denen man auch noch jeweils andere Namen geben kann, dann ist der Konfusion und Verwirrung Tür und Tor geöffnet. Wer weiß, ob dann nicht auch eines Tages die Definition Gottes und seine Offenbarungen angezweifelt werden und man im Namen einer

Der Rahmen dafür, die innere Struktur, Ordnung und Form gleichsam, ist jedoch weniger offen. Im Gegenteil - wir wissen, wer wir sind mit unseren Wünschen, Hoffnungen und Schwächen.

jeweils anderen Gottesvorstellung und Gottesbotschaft gegeneinander in den Krieg ziehen wird. Wie man weiß, haben philosophiegeschichtlich diese „Nominalisten“ tatsächlich den Sieg davon getragen bis auf den heutigen Tag mit allen Konsequenzen.

Thomas von Aquin scheint in diesem Universalienstreit trotz seiner Formulierung: *„Sein aber hat das Einzelne, und zwar mehr als das Allgemeine“* eine gewisse Mitte einnehmen zu wollen, wenn er den Bereich des Denkens der Ordnung der natürlichen und der Ordnung der übernatürlichen Wahrheiten unterwirft. Im Bereich der rationalen Erkenntnis hat er bekanntlich nicht gezögert, fünf Gottesbeweise vorzulegen. Im Bereich der übernatürlichen Wahrheiten hat er sogar das Sprachspiel der katholischen Kirche bis auf den heutigen Tag festgelegt und definiert, etwa in der Lehre der Sakramente[45].

Über die Wahrheit der Allgemeinbegriffe heißt es an anderer Stelle (Summa contra gentiles 3, 75):

> *Das Wissen vom Allgemeinen, mag es auch an Gewissheit das Erste sein, hat doch im Bezirk des*

Doch die Seele, die die Form unseres Körpers definiert, sucht das Weiße selbst im Sinne der Nicht-Offenheit, auch das Helle, die Sonne und das Unsichtbare. „Du würdest ihn nicht suchen, hättest du ihn nicht schon gefunden“, sagt Au-

Wirkens nicht die erste Stelle, sondern eher das Wissen vom Einzelnen; im Tun nämlich geht es um die einzelhaften Dinge.

Im Handeln, bei konkreten Entscheidungen also, geht es um die „einzelhaften Dinge“, ist das Einzelne wichtiger für die Lebenspraxis als das Allgemeine.

Oder noch deutlicher und mit einer fast schon neuzeitlichen Schärfe heißt es in der Summa theologica II, II, 32, 3:

Wer vor Hunger stirbt, muss eher gespeist als belehrt werden, wie es ja für den Notleidenden „besser ist, zu Besitz zu kommen als zu philosophieren“ (Aristoteles), wiewohl dieses an sich schlechthin höheren Wertes ist.

Dennoch sieht sich der Aquinate eher als Denker des Allgemeinen. Eine Politik scheint ohne das Denken des Allgemeinen, ohne Zukunftsplanung und Verallgemeinerungen nicht möglich zu sein. Auch im Bereich von Theologie und Philosophie steht im Mit-

gustinus über diese Art von Gottessuche.

Denn dass es das Helle, Weiße und die Sonne gibt, davon sind viele Menschen überzeugt. Sie suchen und finden unentwegt Bilder oder Zeichen, Töne oder Worte, Formeln, Namen

telpunkt immer noch dar Denken des Allgemeinen im platonischen Sinne:

> *Mag auch das Auge des Nachtvogels die Sonne nicht sehen, es schaut sie dennoch das Auge des Adlers.*[46]

Der Adler, näher an der Sonne, vielleicht erleuchtet auch durch übernatürliches Licht, das ihn ein so umfangreiches Werk hat schreiben lassen, welches sich nun schon seit mehr als 700 Jahren in unserer Welt und Wirklichkeit hat behaupten können.

Ebenso wie die Sonne als ein Symbol Platons für Gott unendlich mächtig, gut ist und alle menschliche Kraft übersteigt, so ist auch die göttliche Wirklichkeit und Wahrheit nach Thomas von Aquin nicht in sich dunkel oder unverständlich. Sie übersteigt nur durch die

> *unaustrinkbare Fülle ihres Lichts die natürlichen Kräfte unseres Geistes.*[47]

Die Sonne ist zu hell. Sie zu fassen *„bedarf es der standhaltenden Augenkraft des Adlers"*, so Thomas

oder Erinnerungen dafür. Es ist nicht Nichts, ich sage es noch einmal, sondern es existiert in allen Religionen, im Glauben, in der Schönheit, der Wahrheit und in der Liebe; im Lachen des Kindes und im sterbenden Blick des Vaters.

von Aquin in seinem Kommentar zur Metaphysik des Aristoteles. Doch

so wie nämlich das Licht der Sonne der Ursprung alles Sehens ist, so ist das göttliche Licht der Ursprung alles geistigen Erkennens, da es das ist, worin sich zuerst und zuhöchst das geistige Licht findet. Also muss, dass Gott ist, unmittelbar einleuchtend sein. (Contra gentiles 1,10)

Ein letztes Zitat sei abschließend noch angemerkt:

Der siebente Tag hat einen Morgen, aber keinen Abend,

heißt es im Kommentar zum Sentenzenbuch des Petrus Lombardus (2 d, 15, 3, 2 ad 8).

Wir erinnern uns an das „morgendliche“ und an das „abendliche“ Erkennen, welches nur den übernatürlichen Kräften, etwa den Engeln, zusteht und möglich ist. Der Mensch mit seinem „morgendlichen“ Erkennen durch das Wort oder die Zahl muss sich damit begnügen, zwischen Wahrheit und Irrtum hin und her zu taumeln und zu fallen, zwi-

Und es bleibt meist ein Geheimnis.

Mit dem Tod werden auch wir zu diesem unbestimmbaren „Etwas“, das es immer wieder und vielleicht sogar nach dem Tod auch wieder von Neuem zu bestimmen, zu benennen, zu erforschen gilt.

schen Glauben und Wissen zu wählen, zu zweifeln, zu versuchen und – zu lieben. Denn, sagen wir es noch einmal:

der Liebe Eigengegenstand ist das Gute...
Das Gute ist die wesenseigene Ursache der Liebe.[48]

Im Gegensatz zu Giotto wagen jedoch viele Zeitgenossen der Gegenwart nicht mehr eine Definition.

Madonna

Fußnoten zum oberen Teil

[1] Jetzt erschienen als „Ästhetik“ in drei Bänden – „Photobuch“(2005), „Kunstbuch“(2006), „ Musikbuch“(erscheint demnächst).

[2] Ein Konzertprogramm des Aurich-Quartetts umfasste beispielsweise Werke von Bach und Mozart sowie Klangimprovisationen mit Perkussionsinstrumenten von Albrecht Fendrich.

[3] W. Durant nennt in seiner „Kulturgeschichte der Menschheit“(1981) als wichtige Werke Thomas von Aquins:

Kommentare zu den Sentenzen des Petrus Lombardus, zu den Evangelien, zu Jesaja, Hiob und Paulus; zu Platons Timaios, zu Boethius und Pseudo- Dionysios; zu Aristoteles' Organon, Über Himmel und Erde, Über Zeugung und Verfall, Meteorologie, Physik, Metaphysik, Über die Seele, Politik, Ethik; Quaestiones diputatae – Bücher über die Wahrheit, über die Macht, über das Böse, über den Geist, über Tugenden usw.; Quodlibeta, in denen Probleme behandelt wurden, welche auf den Universitätssitzungen nebenbei aufgetaucht waren; Abhandlungen wie „Über die Prinzipien der Natur“, „Über Sein und Wesen“, „Über die Fürstenherrschaft“, „Über die verborgene Wirksamkeit der Natur“, „Über die Einheit des Intellektes“. Als Hauptwerke werden genannt die vierbändige Summa de veritate catholicae fidei contra gentiles (1258-1260) sowie die einundzwanzigbändige Summa theologica (1271-73). Die veröffentlichten Schriften Thomas von Aquins füllen zehntausend zweispaltige Folioseiten.

[4] Etwa Herbert Marcuses Analyse des „eindimensionalen Menschen“ oder Postmans Attacken gegen die fremdgesteuerte Mediengesellschaft und ihren Verfall.

[5] Ich beziehe mich im Folgenden auf Josef Piepers Übersetzung und Sentenzensammlung aus dem Jahre 1956. Als weitere Ausgabe, insbesondere der „Summa contra gentiles“, habe ich die neue Übersetzung von Karl Albert und Paulus Engelhardt verwendet (Wissenschaftliche Buchgesellschaft, 2005). Wer will und kann, mag die in den Fußnoten dort angemerkten Fundstellen im lateinischen Original nachlesen.

[6] De veritate, 24.Buch, Absatz 1 bis 16

[7] De veritate, 5.Buch, Absatz 3

[8] Duden, Das Herkunftswörterbuch (2001)

[9] Kluge, Etymologisches Wörterbuch (8. Auflage 1915)

[10] Auch das Präfixum „er-“ ist einer etymologischen Untersuchung wert. Es stammt von dem altgermanischen „ur-“(heraus) und bedeutet ebenso „hervor“. Später meint es eher und gegensätzlicher ein „zum Ende hin“ und bezeichnet daher das Einsetzen eines Geschehens oder die Erreichung eines Zweckes im Sinne von er-steigen, er-blühen oder auch sich er-mannen (Duden 2001).

[11] Hirnforscher Prof. Wolf Singer, Direktor des Max-Planck-Instituts für Hirnforschung in Frankfurt, Mitglied der Päpstlichen Akademie der Wissenschaften und naturwissenschaftlicher Berater des Vatikans, schreibt in ähnlichem Sinne fast 750 Jahre später: „Alles Wissbare hat Grenzen. Die Wissenschaft erklärt die Welt nie vollständig. Das fängt schon beim Urknall an – was war davor?... Ich lebe mit der Gewissheit, dass das, was sich uns erschließt, nur ein Teil von etwas Größerem, nicht Erfassbarem sein kann " (Ulrich Schnabel im Gespräch mit Wolf Singer, in: Die ZEIT 20/2005)

[12] De veritate I, art. 1 S.9 (Meiner, Philosophische Bibliothek)

[13] Bestes Beispiel ist die gegenwärtige Hilflosigkeit der Musikwissenschaft gegenüber der Populärkultur. Da ihr aktuelles methodologisches Rüstzeug veraltet oder ein effektives noch nicht vorhanden ist, um die neuen Phänomene zu erforschen (man verlässt sich immer noch auf ein altes oder veraltetes Begriffsvokabular), ist sie unfähig, etwa die Populärmusik überzeugend in den „Begriff" zu bekommen. Mit dem Ergebnis, dass ein gesellschaftlich so wichtiger und auch politisch-ethisch so einflussreicher Kunstbereich ganz ohne intellektuelles Korrektiv meist nur von merkantilen Interessen gesteuert wird.

[14] Ganz ähnlich wieder Wolf Singer im ZEIT-Interview: „Die Kurie sagt bei Konflikten zwischen dem wissenschaftlichen und dem religiösen Weltbild: Wir haben zwei Wissensquellen – zum einen die menschliche Vernunft, zum anderen die Offenbarung. Und da die Wissenschaft stets nur begrenzte Einsicht liefert, hat die Offenbarung das Primat"(a.a.O.).

[15] Summa theologica I, 12, 5

[16] ebenda

[17] Quaestiones quodlibetales 3, 31

[18] In trinitatis 2, 1 ad 2

[19] Summa theologica I, 32, 1

[20] Fünf „Wege" (Quinque viae) zur rationalen Gotteserkenntnis nach Thomas von Aquin:

Alle Bewegung und Veränderung verlangt ein Bewegendes. Da eine Reihe von bewegten Bewegenden aber nicht ins Unendliche zurückgehen kann, weil es sonst keinen Anfang der Bewegung gäbe, muss es einen „ ersten Beweger" geben, der selbst unbewegt ist, und das ist Gott.

Jede Wirkung hat eine Ursache. Da aber nichts Ursache seiner selbst ist (weil es sonst logisch sich selbst vorausgehen müsste) und die Reihe der Ursachen nicht ins Unendliche gehen kann, muss es eine erste nicht selbst verursachte Ursache geben: Gott.

Wir finden Dinge, die sein oder nicht sein können. Wäre alles so beschaffen, so kann auch einmal alles nicht sein, dann aber könnte nichts zu existieren beginnen. Folglich gibt es Dinge, die notwendig sind, und zwar aus sich heraus oder durch ein anderes. Da die Reihe der aus einem anderen notwendigen Dinge nicht ins Unendliche gehen kann, muss es ein erstes durch sich Notwendiges geben: Gott.

In allen Dingen gibt es ein Mehr oder Weniger. Dies kann nur ausgesagt werden, wenn es ein Maß gibt, das diese Bestimmung in Vollkommenheit enthält: Gott.

Vernunftlose Dinge bedürfen, um ein Ziel zu erreichen, eines Erkennenden, der das Ziel setzt (z.B. bedarf der Pfeil des Schützen). Die zielgerichtete Einrichtung der Welt bedarf daher Gottes als des obersten Lenkers, der die Zwecke setzt (Kunzmann, Burkard, Wiedmann, dtv-Atlas zur Philosophie,1994)

[21] Contra gentiles 4, 1. – Ähnlich auch wieder Wolf Singer im ZEIT-Interview: "Ich glaube, es kommt keiner von uns ohne Metaphysik aus. Ich glaube, dass etwas jenseits unserer begrenzten Vernunft existiert, sozusagen etwas vor und hinter unserer rational erfassbaren Welt. Ich glaube, man sollte es nicht benennen" (a.a.O.).

[22] De veritate 17, 3 ad 1

[23] De duobus praeceptis caritatis

[24] Summa theologica II, II, 27, 4 obj. 1 ad 1

[25] Summa theologica I, II, 27, 1

[26] De Malo 6, 1 ad 13

[27] Contra gentiles 1, 101

[28] Contra gentiles 4, 11

[29] Summa theologica I, 64, 1 ad 3

[30] Summa theologica I, 114, 3 ad 3

[31] Summa theologica I, 10, 5

[32] Quaestio disputata de spiritualibus creaturis

[33] Summa theologica I, 13, 11

[34] Summa theologia I, 39, 2

[35] Summa theologia I, II, 4, 3 ad 1

[36] Quaestiones disputatae de potentia Dei 7, 5 ad 14

[37] Contra gentiles 1,5 / De veritate 8, 1 ad 8

[38] Summa theologica I, 3 prologus

[39] Contra gentiles 1, 31

[40] Summa theologica I, 13, 4 ad 3

[41] Compendium theologiae 1, 24

[42] Contra gentiles 1, 18

[43] In trinitatis 2, 1 ad 6

[44] Contra gentiles 3, 71

[45] 1322 wurde Thomas von Aquin heilig gesprochen. Im Jahre 1879 wurde seine Lehre zur offiziellen Philosophie der katholischen Kirche erhoben. Bis heute lebt der „Thomismus" auch außerhalb der Theologie weiter. Sogar in das nur psychologisch und lehrtherapeutisch orientierte „Lexikon der Gestalttherapie" (2005) hat seine Leib-Seele-Auffassung Eingang gefunden. Vgl. auch die Anmerkungen 11 und 13 von Wolf Singer.

[46] Kommentar zur Metaphysik des Aristoteles II, 1; Nr. 286

[47] ebenda

[48] Summa theologica I, II, 27, 1

Fußnoten zum unteren Teil

[1] Denn dies ist das Programm der Gruppe nun schon seit vielen Jahren: Dem Geschrei und der Verzweiflung unserer Zeit eine Alternative oder zumindest eine träumerisch-poetische Antithese zur Seite zu stellen, die vielleicht als „regulative Idee“, wie die Philosophen sagen, wirken könnte. Dass nicht alles in einem „verzehrenden Weltenbrand“ (Heraklit) zusammen brechen würde – sei es durch einen neuen und letzten Atomkrieg, durch eine ökologische Katastrophe oder durch eine noch stärkere bestialische Entfremdung der Menschen untereinander.

[2] Man suchte insbesondere im 12. und 13. Jahrhundert „Konvergenzen“, fand sie bei den Philosophen und – im Falle Friedrichs II. – sogar in der Politik. Die Schnittmenge beider Kulturen (unter Einbezug auch des Judentums) reichte weiter als in die Bereiche von Medizin, Technik oder Philologie. Selbst die Wurzeln des Atheismus werden von Averroes aus der Antike (Demostenes ?) über Spinozas „Substanz“- Lehre bis zum dialektischen Materialismus in die Gegenwart weiter gereicht. Averroes war der große atheistische Gegenspieler in den scholastischen Diskussionen um Gott und die Ewigkeit oder die Erschaffung der Welt.

[3] Max Weber, „Die protestantische Ethik und der Geist des Kapitalismus“ (in: Gesammelte Aufsätze zur Religionssoziologie, 1935)

[4] Der Erfolg der Ausstellung war überwältigend: Zwei Drittel der Exponate war sofort verkauft.

Bilder